meine BESTEN BÄRLAUCH-REZEPTE

Eckart Witzigmann

meine BESTEN BÄRLAUCH-REZEPTE

Servus

INHALT

VORWORT

Über den Bärlauch:
Auszug aus meinem Familien-
kochbuch

Als Koch kann man nicht mehr so leicht überrascht werden – denkt man. Aber auch ein Profi macht manchmal unerwartete Entdeckungen. Solch ein kulinarisches Abenteuer habe ich selbst erlebt.

Es ist etwa vierzig Jahre her, dass ich zusammen mit meiner Familie und meinem Freund Henry Levy, einem Zwei-Sterne-Koch aus Berlin, einen Spaziergang durch den Englischen Garten in München machte. Auch mein Schäferhund Rex war dabei. Es war ein schöner Tag, die Sonne schien, und wir schlenderten über eine Wiese. Plötzlich verhielt sich Rex höchst merkwürdig. In großen Sprüngen rannte er durch das Gras, bellte laut und blieb immer wieder an einer bestimmten Stelle stehen, um aufgeregt zu schnuppern. Wir folgten ihm neugierig und hockten uns hin. Rex schnupperte an länglichen Blättern, die wie Maiglöckchengrün aussahen.

„Komisch, das riecht ganz intensiv nach Knoblauch", sagte ich zu meinem Freund Henry. Wir pflückten ein paar dieser seltsamen Blätter und rieben daran. Was war das nur? Weder Henry noch ich hatten eine Ahnung, was für eine Pflanze das sein mochte. Also mussten wir es herausfinden. Henry nahm einige Blätter mit nach Berlin. Dort ging er zum Botanischen Garten und ließ sie von Spezialisten untersuchen.

Es stellte sich heraus, dass wir Bärlauch gefunden hatten. Bärlauch? Sofort wälzte ich alte Kochbücher und erfuhr, dass Bärlauch, in Maßen verwendet, gesund und wohlschmeckend sei. Allerdings wirklich nur in Maßen. Zu viel davon, so las ich, konnte sogar Durchfall erzeugen. Meine Neugier war geweckt und sofort begann ich, mit der Pflanze zu experimentieren. Aus fein geschnittenen Blättern machte ich ein Pesto, in Abwandlung der klassischen italienischen Nudelsauce, die im Original aus gehacktem Basilikum, Olivenöl, geriebenem Pecorinokäse, zerdrückten Pinienkernen und fein gewürfeltem Knoblauch besteht. Statt des Basilikums nahm ich Bärlauch – es schmeckte sehr intensiv, aber wunderbar. Ich entdeckte, dass dieses Pesto auch hervorragend zu Lamm und Kaninchen passte. Dann experimentierte ich weiter. Ich erfand Bärlauch-Gnocchis und kreierte Bärlauch-Knöpfle, und ich fand heraus, dass Bärlauch ein vorzügliches Gewürz zu Kartoffelsuppe ist.

ECKART WITZIGMANN

Aber das war nur der Anfang. Mein Bärlauch-Repertoire wurde immer umfangreicher. Als wichtig jedoch erwies sich die Dosierung, denn ein zu reichlicher Gebrauch ließ den Bärlauchgeschmack penetrant wirken – von den gesundheitlichen Folgen ganz zu schweigen.

Heute gehört Bärlauch ganz selbstverständlich zur feinen regionalen Küche dazu. Und ich bin schon ein bisschen stolz, dass ich es war, der den Bärlauch wiederentdeckt hat, und dass es bereits in meinen ersten Kochbüchern Bärlauchrezepte gab. Was kann es für einen Koch Schöneres geben, als einen neuen Stern im Universum des Essens entdeckt zu haben?

Eckart Witzigmann

BÄRLAUCH-
BUTTER

ZUTATEN

- 100 g Butter, handwarm
- 50 g Bärlauch
- 20 g Parmesan, gerieben
- 30 g Olivenöl
- Salz
- 1 Msp. Cayennepfeffer

Die warme Butter mit Hilfe eines Rührgerätes schaumig rühren. Bärlauch hacken und beides in einen Mixer füllen. Parmesan dazugeben und das Olivenöl langsam untermixen.
Das Ganze so lange mixen, bis die Butter schön grün ist. Mit dem Salz und Cayennepfeffer abschmecken.

BÄRLAUCH-
CREME

ZUTATEN

- 160 g Bärlauch
- 160 g Sauerrahm
- Salz und Pfeffer aus der Mühle
- etwas Zitrone

Alle Zutaten zusammen aufmixen und in einem Einmachglas aufbewahren.

BÄRLAUCH-ÖL

ZUTATEN

- 1 Handvoll Baby-Spinat, geputzt
- 3 Bund Bärlauch
- 1 Prise Salz
- 500 ml Traubenkernöl

Spinat und Bärlauch in Salzwasser etwa 5 Minuten kochen. Sofort im Eiswasser abschrecken und gut ausdrücken. Zusammen mit dem Salz und Traubenkernöl im Mixer fein pürieren und in eine gut verschließbare Flasche füllen. Im Kühlschrank aufbewahren. Vor dem Servieren kurz durchschütteln.

BÄRLAUCHPESTO

ZUTATEN

- 70 g Bärlauchblätter, entstielt
- 70 g glatte Petersilienblätter
- 60 g Pinienkerne, geröstet
- Salz
- 30 g Pecorino, frisch gerieben
- 100 g Parmesan, frisch gerieben
- 1 l Olivenöl

Die Bärlauch- und Petersilienblätter waschen, trocken tupfen und grob zerkleinern. Pinienkerne und Salz im Mörser fein zerreiben, dann die Kräuter zufügen und alles zu einer feinen Paste verarbeiten. Pecorino und Parmesan unterrühren und das Öl zugießen. Alles gut vermengen und das Pesto in ein dunkles Gefäß abfüllen.

BÄRLAUCH-MAYONNAISE

ZUTATEN

- 90 g Eiweiß
- 225 g Traubekernöl
- 75 g Essig
- 30 g Bärlauchöl (siehe Seite 12)
- Salz
- Cayennepfeffer

Eiweiß, Traubenkernöl und Essig in eine hohe Schüssel geben. Mit dem Stabmixer das Bärlauchöl unter ständigem Rühren langsam einlaufen lassen. Darauf achten, dass eine homogene Masse entsteht. Mit Salz und Cayennepfeffer abschmecken.

BÄRLAUCH-FOCACCIA

ZUTATEN
FÜR 2 PERSONEN

- 200 g Mehl (Type 700)
- 1 Prise Salz
- 15 g Hefe
- 150 ml Wasser, lauwarm
- 3–4 EL Bärlauchöl (siehe Seite 12)
- grobes Meersalz
- je 2 Zweige Thymian und Rosmarin

Mehl in eine Schüssel sieben, Salz hinzufügen. Hefe im Wasser auflösen. Mit dem Knethaken des Handrührgerätes langsam die aufgelöste Hefe, dann 2 EL Bärlauchöl ins Mehl einarbeiten. Zu einem homogenen Teig verkneten.

In der Schüssel mit einem Tuch abgedeckt gehen lassen, bis der Teig sein Volumen verdoppelt hat. Den Teig mit den Händen auf einer bemehlten Arbeitsfläche zu einer Kugel formen und mit dem Nudelholz zu einem Oval ausrollen. Backofen auf 230 Grad vorheizen.

Die *focaccia* auf ein mit Backpapier ausgelegtes Backblech setzen und nochmals kurz gehen lassen. Mit den Fingerspitzen gleichmäßig Vertiefungen in den Teig drücken, restliches Bärlauchöl über dem Teig verteilen und mit Meersalz und Kräutern bestreuen. Die *focaccia* in den Ofen schieben und 15 Minuten goldbraun backen.

Möglichst frisch servieren.

FRÜHLINGS-KRÄUTERSUPPE

mit Bärlauch parfümiert

ZUTATEN FÜR 4 PERSONEN

- 30 g Lauchzwiebel mit Grün
- 80–100 g mehlige Kartoffeln
- 10 g Schnittlauch
- 5 g glatte Petersilie
- 20 g Kerbel
- 12 Bärlauchblätter
- 40 g Brunnenkresseblätter
- 100 g Blattspinat
- 20 g Bärlauchbutter (siehe Seite 10)
- ½ l Geflügelbrühe oder Gemüsebrühe
- 1 Prise Salz
- 100 ml Sahne, flüssig
- etwas weißer Pfeffer aus der Mühle
- etwas Muskatnuss, gerieben

Lauchzwiebel mit Grün putzen, der Länge nach halbieren, waschen und fein schneiden.

Die geschälten, rohen Kartoffeln waschen, halbieren oder vierteln und in 3 mm dünne Scheiben schneiden. Schnittlauch, Petersilie, Kerbel, Bärlauch- und Brunnenkresseblätter waschen und grob zupfen, im letzten Moment fein schneiden. Etwas Bärlauch, Kerbel und Brunnenkresse zum Dekorieren beiseite stellen.

Spinat putzen und waschen. Bärlauchbutter aufschäumen lassen, Lauchzwiebel und Kartoffeln hinzufügen. Behutsam etwa 5 Minuten, ohne Farbe zu geben, anschwitzen. Spinat mit den Kräutern zur Butter geben und circa 5 Minuten mit andünsten. Mit der kochend heißen Gemüsebrühe aufkochen, eine Prise

Salz zufügen und etwa 5 Minuten zügig kochen lassen. Dabei sollten die Kartoffeln weich gekocht sein. Im Topf mit dem Pürierstab fein mixen. Flüssige Sahne einrühren, mit Salz, Pfeffer und Muskat abschmecken und heiß rühren, nicht mehr kochen lassen.

In warmen Suppentellern anrichten, mit den restlichen Bärlauchstreifen, Brunnenkresseblättern und Kerbel bestreuen.

VARIANTEN ALS EINLAGE

Weiße Spargelspitzen oder kross gebratene Kalbsbriesröschen. Dazu Scheiben vom Stangenbrot, getoastet und mit Bärlauchcreme (siehe Seite 10) bestrichen.

KRÄUTER-BÄRLAUCH-SALAT

mit Champignons

ZUTATEN FÜR 4 PERSONEN

KRÄUTERSALAT
- ½ Bund glatte Petersilie
- 1 Handvoll Kerbelblättchen
- 8 kleine Bärlauchblätter, in feine Streifen geschnitten
- 50 g Löwenzahn, geputzt
- ½ Bund Dill
- ½ Bund Estragon
- 1 Prise Salz
- Pfeffer aus der Mühle
- 6 EL Olivenöl
- Saft von 1 Zitrone

Für den Kräutersalat die Blätter der Kräuter abzupfen, kurz waschen und abtropfen lassen.

Für die Vinaigrette Salz und Pfeffer gut vermischen, Olivenöl einfließen lassen und mit dem Zitronensaft verrühren.

Für die Champignon-Sahne-Sauce Zitronensaft, Essig, Salz, Pfeffer, Meerrettich, saure und flüssige Sahne, Mayonnaise und Senf verrühren und langsam das Öl beifügen.

Die frischen Champignons mit einem feuchten Tuch sauber putzen und vierteln.

CHAMPIGNONS

- 1 EL Zitronensaft
- ½ TL Xérès-Essig
- Salz und Pfeffer aus der Mühle
- 1 TL Sahnemeerrettich
- 1 EL Sauerrahm
- 2 EL Sahne, flüssig
- 1 EL Mayonnaise
- 1 Msp. Senf
- 2 EL Olivenöl
- 2 EL Pflanzenöl
- 12 ganze kleine Champignons mit geschlossenen Köpfen
- etwas gezupfter Kerbel und Schnittlauch, fein geschnitten

AUSSERDEM

- 6 kleine Bärlauchblätter, gewaschen und in feine Streifen geschnitten
- Löwenzahn zum Garnieren
- kleine Brot- oder Weißbrotwürfel

Den Kräutersalat rasch im letzten Moment locker mit der Vinaigrette vermengen. Die Champignons in der Mitte des Tellers platzieren, mit Sahne überziehen und mit Bärlauchstreifen bestreuen. Mit Löwenzahn ausdekorieren. Die Brotwürfel rösten und darüberstreuen.

BÄRLAUCH-SPINATKNÖDEL

ZUTATEN FÜR
CA. 8–10 KNÖDEL

- 50 g Bärlauch, geputzt
- 350 g Blattspinat, geputzt
- 60 g Butter
- 100 g Zwiebel, fein gewürfelt
- Salz und Pfeffer aus der Mühle
- Muskatnuss, frisch gerieben
- 65 g Ricotta
- 95 g Parmesan, gerieben
- 100 g Weißbrot vom Vortag, gerieben
- 40 g Scamorza, klein geschnitten

Für die Knödel Bärlauch und Blattspinat in Salzwasser blanchieren, in Eiswasser abschrecken, abschütten und gut ausdrücken. Butter hell aufschäumen lassen, Zwiebel darin glasig schwitzen, Bärlauch-Spinat zugeben, mit Salz, Pfeffer und Muskatnuss abschmecken und mit Ricotta aufmixen. Parmesan, Weißbrot und Scamorza unter die Bärlauch-Spinatmasse rühren und nochmals abschmecken. Dann 1 Stunde ruhen lassen. Aus der Masse gleichmäßige Knödel formen und in Salzwasser etwa 12 Minuten köcheln lassen.

KRÄUTERSEITLINGE

- 300 g Kräuterseitlinge oder Champignons
- 140 g Frühlingslauch
- 75 g Olivenöl
- 120 g Tomatenconcassée
- Salz und Pfeffer aus der Mühle
- etwas Zitronensaft
- etwas Petersilie, fein gehackt

AUSSERDEM

- geriebener Parmesan zum Bestreuen
- flüssige Bärlauchbutter (siehe Seite 10) zum Beträufeln

In der Zwischenzeit die Kräuterseitlinge vorsichtig mit einem feuchten Tuch säubern. Frühlingslauch klein schneiden. In einer Pfanne das Olivenöl erhitzen und die Kräuterseitlinge darin ansautieren. Frühlingslauch und Tomatenwürfel zugeben, mit Salz, Pfeffer und Zitronensaft abschmecken und die Petersilie einschwenken.

Pilzsauté auf heißen Tellern anrichten, Spinatknödel darauf setzen, geriebenen Parmesan darüberstreuen und mit flüssiger Bärlauchbutter leicht beträufeln.

TIPP

Ricotta unter die Masse geben, so werden die Knödel schön locker.

SPINAT-BÄRLAUCH-KNÖPFLE

ZUTATEN FÜR 4 PERSONEN

- 300 g Mehl (Type 405)
- 250 g Sauerrahm
- 2 Eier
- 4 Eigelbe
- 2 Prisen Salz
- 1 EL Olivenöl

SPINAT

- 100 g Spinat
- 100 g Bärlauch (etwas für die Garnitur aufheben)
- 1 Zwiebel (etwa 150 g)
- 100 g Champignons
- 80 g gekochter Schinken am Stück (z.B. Prager)
- etwas Butter
- 200 ml Sahne
- 100 g Appenzeller, gerieben
- Salz, schwarzer Pfeffer aus der Mühle
- Muskatnuss, frisch gerieben
- 2 EL glatte Petersilie, grob gehackt

Für den Knöpfleteig Mehl, Sauerrahm, Eier, Eigelbe, Salz und Olivenöl verrühren und mit einem Kochlöffel so lange schlagen, bis der Teig Blasen wirft.

In einem großen Topf reichlich Wasser zum Kochen bringen, salzen und die Knöpfle mithilfe eines Spätzlehobels rasch in das Wasser hobeln, einmal kräftig aufkochen lassen, bis die Knöpfle an der Oberfläche schwimmen. Kurz ziehen lassen und mit einem Schaumlöffel herausnehmen und gut abtropfen lassen.

Spinat und Bärlauch waschen, putzen und einige Bärlauchblätter zur Seite legen. Spinat und Bärlauch in kochendem Salzwasser blanchieren, eiskalt abschrecken, gut ausdrücken und grob hacken. Die Zwiebel schälen und in feine Würfel schneiden.

Die Champignons kurz kalt abbrausen, trocken tupfen, putzen und je nach Größe halbieren oder vierteln. Schinken in kleine Würfel schneiden. Etwas Butter erhitzen, Zwiebeln und Champignons darin anschwitzen.

In einer anderen Pfanne Spinat, Bärlauch und Sahne aufkochen lassen. Die noch heißen, abgetropften Knöpfle dazugeben und nicht mehr kochen. Schinkenwürfel, Zwiebeln und Champignons einrühren, mit Käse bestreuen, durchschwenken und mit Salz, Pfeffer und Muskatnuss würzen. Restlichen Bärlauch in feine Streifen schneiden und mit der Petersilie zu den cremigen Knöpfle geben, nochmals durchschwenken.

TIPP

Falls Sie keinen Spätzlehobel besitzen, können Sie mit einem großlöchrigen Sieb improvisieren.

LINSENPFLANZERL AUF COUSCOUS-SALAT

und Bärlauch-Brunnenkresse-Mayonnaise mit Radieschen

ZUTATEN FÜR 4 PERSONEN

- 150 g Linsen, gekocht
- 1 EL Bärlauchblätter, gewaschen und fein geschnitten
- 1 EL Petersilie, gewaschen und fein gehackt
- 25 g Sellerie
- 25 g Karotten
- 25 g Auberginen
- 1 Msp. Knoblauch, gerieben
- 1 Ei
- 1 Prise Salz und Pfeffer aus der Mühle
- 1 Prise Koriander, gemahlen
- 50 g japanische Brösel (Panko)
- Pflanzenöl zum Braten

Für die Linsenpflanzerl die Linsen kochen und die Hälfte zu einem Püree zerdrücken. Dann alle Zutaten mischen und nach Geschmack mit Salz, Pfeffer und Koriander abschmecken. Die Masse für 1 Stunde kalt stellen. Pflanzerl abdrehen, in den Bröseln wälzen und knusprig in einer Pfanne mit nicht zu heißem Öl ausbacken.

Für den Couscous Wasser aufkochen. Currypulver, Salz und Peffer hinzugeben. Das heiße Wasser über den Couscous gießen und 20 Minuten quellen lassen. Anschließend mit etwas Champagner-Essig und Traubenkernöl beträufeln. Mit Macadamia-Nüssen bestreuen.

COUSCOUS

- 200 g Wasser
- 1 Msp. Currypulver
- Salz und Pfeffer aus der Mühle
- 150 g Couscous
- Champagner-Essig
- Traubenkernöl
- 2 EL Macadamia-Nüsse, geröstet

BÄRLAUCH-MAYONNAISE

- 100 g Sauerrahm
- 100 g Crème fraîche
- 50 g Ziegenfrischkäse
- 1 Zitrone (Saft und geriebene Zesten)
- 2 EL weißer Balsamico
- 5 EL Maiskernöl oder Traubenkernöl
- 30 g frische Bärlauchblätter, gewaschen
- 20 g Brunnenkresse, gewaschen und gezupft
- Salz und schwarzer Pfeffer aus der Mühle

Für die Bärlauch-Mayonnaise alle Zutaten fein mixen und gut mit Salz und Pfeffer aus der Mühle abschmecken.

Radieschen waschen, putzen, in feine Scheiben schneiden und salzen.

Zum Anrichten den marinierten Couscous auf dem Teller verteilen, Pflanzerl daraufsetzen, mit Radieschen und Brunnenkresseblättern ausgarnieren. Bärlauch-Mayonnaise in ein extra Schälchen füllen und dazureichen.

TIPP

Statt Couscous kann man auch Bulgursalat oder Kräuter- und Champignonsalat reichen.

AUSSERDEM

- Radieschen
- Brunnenkresseblätter
- geröstete Macadamia-Nüsse zum Dekorieren

FLAMMKUCHEN-BÄRLAUCH

ZUTATEN FÜR
4–6 PERSONEN

TEIGBODEN
- ½ EL Hefe
- 60 ml Wasser, lauwarm
- 1 Prise Zucker
- 350 g Mehl, gesiebt
- 1 Prise Salz
- 1 großes Ei, verquirlt
- 2 EL Olivenöl

BELAG
- nach Belieben, z.B. Speck, Tomaten, Garnelen

TOPFENCREME
- 100 g Topfen
- 260 g Crème fraîche
- 4 EL Sauerrahm
- 4 Eigelb
- Salz und Pfeffer aus der Mühle
- 1 Prise Zucker
- Bärlauchpesto (siehe Seite 14) zum Verfeinern

AUSSERDEM
- 4 EL Bärlauchcreme (siehe Seite 10)

Die Hefe in lauwarmem Wasser auflösen. 1 Prise Zucker hinzufügen und gut verrühren. Das Mehl und 1 Prise Salz in eine Schüssel geben und in der Mitte eine Vertiefung formen. Dort hinein das Ei und das Olivenöl geben und mit dem Mehl verarbeiten. Während dieses Vorgangs die aufgelöste Hefe hinzugeben und zu einem komplexen Teig kneten, anschließend abgedeckt beiseite stellen und etwa 30 Minuten gehen lassen. Man kann auch fertigen Flammkuchenteig verwenden.

Die Speckscheiben in Streifen schneiden. Bei den Tomaten den Strunk herausschneiden und auf der Gegenseite die Haut über Kreuz einritzen, kurz in kochendes Wasser legen, in kaltem Wasser abschrecken und anschließend die Haut abziehen. Die Kerne entfernen und die Tomaten in feine Würfel schneiden.

Topfen, Crème fraîche, Sauerrahm und Eigelb verrühren. Mit Salz, Pfeffer, einer Prise Zucker und Bärlauchpesto abschmecken.

Den Backofen auf 250 °C (230 °C bei Umluft) vorheizen.

Den Teig portionsweise sehr dünn ausrollen und auf ein gefettetes oder mit Backpapier ausgelegtes Blech legen. Mit der Topfenmasse bestreichen. Dabei einen Rand von 1 cm frei lassen. Tomatenwürfel und Speckstreifen darauf verteilen. Würzen und mit Olivenöl beträufeln. Im vorgeheizten Backofen knusprig ausbacken.

Den fertigen Flammkuchen auf Teller legen und je eine Nocke Bärlauchcreme daraufgeben.

BÄRLAUCH-CREMESPINAT

mit pochiertem Ei, Croutons & Speck

ZUTATEN FÜR 4 PERSONEN

- 50 g Butter
- 1 Stange Frühlingslauch, in feine Ringe geschnitten
- 500 g Spinat, geputzt, gewaschen und trocken getupft
- Salz und Muskat
- 100 ml Sahne
- 5 Bärlauchblätter, in feine Streifen geschnitten

POCHIERTE EIER

- 8 sehr frische Eier
- Weißweinessig
- Meersalz

CROUTONS

- 2 Scheiben Toastbrot
- 200 ml Butterschmalz

Für den Cremespinat in einem heißen Topf die Butter zerlassen, zuerst den Frühlingslauch darin glasig schwitzen, dann den trockenen Spinat zugeben und mit Salz und Muskat würzen. Sobald der Spinat zusammengefallen ist, mit der Sahne aufgießen und etwas einkochen. Danach den Spinat in ein hohes Gefäß geben und mit einem Stabmixer sehr fein pürieren, eventuell mit etwas heißer Brühe verdünnen. Zum Schluss den fein geschnittenen Bärlauch unterrühren.

Für die poschierten Eier einen Topf mit Wasser und einen Schuss Essig zum Kochen bringen. Die Eier jeweils in einer Tasse aufschlagen. Dann mit Hilfe eines Schneebesens das Wasser zu einem Strudel rühren.

AUSSERDEM

- dünne Scheiben vom Bauchspeck nach Belieben

Ein Ei langsam und vorsichtig in den Strudel gleiten lassen, sodass sich das Eiweiß um das Eigelb hüllt. Das Wasser soll sich unter dem Siedepunkt befinden. Nach circa 5 Minuten das Ei vorsichtig herausnehmen, abtropfen lassen und mit dem Meersalz würzen. Die restlichen Eier nacheinander auf die gleiche Weise pochieren.

Für die Croutons das Toastbrot in kleine Würfel schneiden. Diese in heißem Butterschmalz ausbacken, bis sie goldgelb sind. Die Speckscheiben in einer beschichteten Pfanne mit wenig Öl langsam knusprig braten. Zum Anrichten den Spinat auf einem heißen Teller mittig platzieren, zwei pochierte Eier darauflegen. Die Croutons und den Speck über die Eier streuen.

GRATIN VON BÄRLAUCH

mit Lauch und Kartoffeln

ZUTATEN FÜR
2 PERSONEN

- 2 Stangen Lauch à 150 g
- 400 g Kartoffeln
- 150 g Bärlauch
- 100 g gekochter Schinken
- etwas Butter

BÉCHAMELSAUCE

- 60 g Butter
- 30 g Mehl
- 350 ml Milch
- 200 ml Gemüsewasser (entsteht beim Kochen der Gemüse)
- Salz
- weißer Pfeffer
- Muskatnuss

KÄSEKRUSTE

- 50 g Gruyère, gerieben
- 20 g Parmesan, gerieben
- 20 g Butter, gewürfelt

Die Lauchstangen waschen und in 1 cm dicke Ringe schneiden. Kartoffeln waschen, schälen und in 4 mm dicke Scheiben schneiden.

Kartoffeln in Salzwasser bissfest kochen. Aus dem Wasser nehmen und in eine größere Schüssel geben. Lauch ins Salzwasser geben und 1 Minute köcheln lassen. Den Bärlauch dazugeben und noch einmal aufkochen lassen. Alles aus dem Wasser nehmen und mit Eiswasser abschrecken, etwas ausdrücken und in die Schüssel zu den Kartoffeln geben.

Den Schinken in kleine Würfel schneiden, kurz in Butter anrösten und ins Gemüse mischen.

Für die Béchamelsauce die Butter in einem Topf warm werden lassen, das Mehl einrühren, dann die kalte Milch und das Gemüsewasser unter ständigem Rühren aufgießen. Etwa 5 Minuten köcheln lassen und immer wieder aufrühren. Zuletzt mit Salz, Pfeffer und Muskatnuss würzen. Die Béchamel mit dem Gemüse vermischen oder schichtweise in eine feuerfeste Form geben (4-5 cm Höhe).

Mit dem Käse bestreuen und die Butterwürfel darauf verteilen. Bei 180 Grad in den Ofen schieben. Nach 30 Minuten den Ofen ausmachen und das Gratin noch 10 Minuten durchziehen lassen.

TIPP

Wer das Bärlaucharoma intensiver schmecken möchte, blanchiert nur die Hälfte und gibt die andere Hälfte roh dazu.

HÜHNERBRUST MIT MARINIERTER TOMATE

Mangoldsalat und Burrata

ZUTATEN FÜR
4 PERSONEN

- 4 Bio-Maishuhnbrüste mit Haut
- Salz
- Pflanzenöl
- etwas flüssige Bärlauchbutter (siehe Seite 10)

MARINIERTE TOMATE

- 1 Ochsenherztomate (ca. 250 g)
- Salz
- Zucker
- etwas Olivenöl

MANGOLDSALAT

- 100 g Baby-Mangold, gewaschen und geputzt
- einige Basilikumblätter, gewaschen und gezupft
- 6 kleine Bärlauchblätter, in feine Streifen geschnitten
- 1 Handvoll glatte Petersilie, fein geschnitten

Die Hühnerbrüste leicht salzen und langsam in etwas Öl auf der Hautseite knusprig braten, dann wenden und mit Bärlauchbutter übergießen.

Die Ochsenherztomate waschen, in Stücke schneiden, salzen, leicht zuckern und mit Olivenöl marinieren. Die Tomate sollte Zimmertemperatur haben.

Mangold mit Basilikum, Bärlauch, Petersilie und Zwiebel mischen und mit Salz, Pfeffer, Balsamico und Olivenöl marinieren. Die Burrata auf ein Tuch legen, mit Meersalz würzen und mit Olivenöl beträufeln.

- 1 rote Zwiebel, geschält und fein geschnitten
- 1 Prise Meersalz
- schwarzer Pfeffer aus der Mühle
- weißer Balsamico
- etwas Olivenöl

BURRATA

- 200 g frische Burrata
- 1 Prise Meersalz
- etwas Olivenöl

Zum Anrichten die marinierte Tomate auf dem Teller verteilen. Die Burrata und den Mangoldsalat darüberlegen. Die Hühnerbrüste schräg in Scheiben aufschneiden und seitlich auf den Tellern anlegen.

OSTERKITZ MIT CREMOLATA

und Bärlauch

ZUTATEN FÜR
6 PERSONEN

MARINADE
- ½ Ziegenkitz, nur Keule, Schulter und Brust in Stücken, vom Metzger ausgelöst
- Englischer Sellerie (80 g)
- 2 mittlere Karotten (netto 170 g)
- 1 weiße Zwiebel (netto 180 g)
- 1 Tomate (netto 130 g)
- 3 Knoblauchzehen (15 g), angedrückt mit Schale
- 2 kleine Lorbeerblätter, zerbröselt
- 2 Thymianzweige (40 g)
- 2 Rosmarinzweige
- Majoran (4 g)
- einige Blätter Basilikum
- 150 ml trockener Weißwein
- Salz
- Pfeffer aus der Mühle
- Olivenöl (60 ml)

Englischen Sellerie und Karotten waschen und schälen, Zwiebel schälen und wie die Tomate in 2 cm große Würfel schneiden; den Knoblauch dazugeben. Alle Zutaten für die Marinade mit dem Kitzfleisch in eine große Schüssel geben, mit etwas Olivenöl beträufeln, mit einem beölten Küchenpapier abdecken und 12 Stunden kalt stellen.

Das Kitz aus der Marinade nehmen, trocken reiben, das Gemüse auf ein Sieb schütten und die Weißwein-Marinade auffangen. Den Backofen auf 220 °C vorheizen.

Olivenöl und Butter in einem ausreichend großen Bräter aufschäumen. Kitzfleisch und die halbierte Knoblauchknolle hineingeben, etwas Farbe geben und das Zicklein von beiden Seiten anbraten.

KITZ

- 100 ml Olivenöl
- 20 g Butter
- 1 junge Knoblauchknolle, halbiert
- Salz
- Pfeffer
- Butterflocken
- 500 ml Wasser
- etwas Kitzjus, aus den Abschnitten zubereitet

CREMOLATA

- 2 EL Olivenöl
- 20 g Butter
- ½ Knoblauchzehe
- 1 Stängel glatte Petersilie
- 1 Prise Majoran
- je ein Hauch Schale von ¼ unbehandelten Orange und Zitrone, feinst abgerieben
- 3 Rosmarinnadeln
- 1 Prise Thymian
- 12 mittelgroße Bärlauchblätter

Fleisch herausnehmen, salzen und pfeffern, den Boden des Topfes mit dem Gemüse bedecken, einige Butterflocken daraufgeben, das Zicklein wieder hineinsetzen, mit etwas Olivenöl beträufeln und für 30–40 Minuten im Backofen weich schmoren. Wenn nötig, stets mit der Weißwein-Marinade und Wasser ablöschen und übergießen.

Dann aus dem Bräter nehmen, mit Folie abdecken, warm stellen, dabei öfters umdrehen. Die Gemüse ganz einkochen und nach und nach mit der restlichen Weißwein-Marinade ablöschen und einkochen lassen. Dann stets etwas Wasser und Kitzjus hinzufügen und den Vorgang mehrmals wiederholen, bis eine kräftige, kurz gehaltene Sauce entstanden ist. Dann die Sauce passieren.

Für die Cremolata in einer Pfanne Butter und Olivenöl aufschäumen lassen, die gehackten Aromaten beigeben und ganz kurz anschwitzen lassen.

Zum Schluss den in feine Streifen geschnittenen Bärlauch dazugeben.

Das Ziegenkitz wieder auf beiden Seiten salzen und pfeffern und nochmals in einer Pfanne in heißem Olivenöl anbraten. Dann etwas Cremolata darübergeben und mit einigen Löffeln Sauce begießen.

HECHTSCHWANZ MIT SENF-KAPERN-BUTTER

und Bärlauch-Brunnenkresse-Püree

ZUTATEN FÜR 2 PERSONEN

- 1 Hechtschwanz zu 600–700 g
- Salz
- weißer Pfeffer aus der Mühle
- Zitronensaft
- 2 festkochende Kartoffeln
- Tempuramehl zum Bestäuben
- 40 g Butter

BÄRLAUCH-BRUNNENKRESSE-PÜREE

- 170 g Brunnenkresse
- 80 g Bärlauchblätter
- 40 g Butter
- ¼ l süße Sahne
- Salz

Den geschuppten, küchenfertigen Hechtschwanz mit Salz, Pfeffer und Zitronensaft würzen. Die Kartoffeln schälen, in 3–4 cm dicke Scheiben schneiden, in kochendem Salzwasser blanchieren und abtropfen lassen. Den Hechtschwanz rundherum mit Tempuramehl bestäuben und zusammen mit den Kartoffelscheiben in der heißen Butter anbraten. In den auf 180 °C vorgeheizten Ofen stellen und unter häufigem Begießen mit der Bratbutter für 15–20 Minuten garen.

Unterdessen das Püree zubereiten: Die abgezupften Kresse- und Bärlauchblätter in sprudelnd kochendem Salzwasser blanchieren, dann sofort in Eiswasser abschrecken. Abtropfen lassen, ausdrücken und in der Hälfte der Butter andünsten.

SENF-KAPERN-BUTTER

- 80 g Butter
- ½ bis 1 EL Dijon-Senf
- 30 kleine Kapern (Nonpareilles), grob gehackt
- 1 TL Petersilie, sehr fein gehackt

Mit dem Mixstab pürieren, dabei immer wieder etwas Sahne zugießen – das Püree soll keine Sauce werden. Salzen und zum Schluss die restliche Butter einmixen.

Für die Senf-Kapern-Butter die Butter in einem Töpfchen leicht bräunen. Den Senf einrühren, wobei er sofort ein wenig ausflockt, d.h. es gibt keine homogene Sauce. Die Kapern und die Petersilie einrühren und die Sauce vom Herd nehmen. Den Hechtschwanz auf eine vorgewärmte Platte legen und mit der Senf-Kapern-Butter begießen. Das Püree daneben in eine Schüssel geben.

SAIBLINGSTATAR MIT FRISCHKÄSE

Gurken und Bärlauch-Wasserkresse-Creme

ZUTATEN FÜR 4 PERSONEN

TATAR
- 200 g grätenfreier Saibling, geputzt
- 6 g Salz
- 1 Zitrone
- Sonnenblumenöl

FRISCHKÄSE
- 100 g Sauerrahm
- 100 g Frischkäse
- Salz
- Zitronensaft

BÄRLAUCHCREME
- 20 g Eiweiß
- 30 ml Apfelessig
- 30 ml Wasser
- 10 ml Zitronensaft
- 6 g Dijon-Senf
- 100 g Wasserkresse, gezupft
- 5–10 Bärlauchblätter
- 180 ml Sonnenblumenöl
- Salz

Den Saibling in schöne gleichmäßige Würfel schneiden, mit Salz würzen und für circa eine Stunde kühl stellen. Anschließend mit Zitronenabrieb, etwas Öl und Zitronensaft abschmecken und auflockern. Portionen zu je 50 g in einen Ring (ca. 6 cm Durchmesser) einfüllen.

Für den Frischkäse den Sauerrahm, Frischkäse, Salz und Zitronensaft mit dem Handrührgerät aufschlagen, gut abschmecken und in einen Spritzsack füllen. Kalt stellen.

AUSSERDEM

- 1 Salatgurke
- 100 g frische Weißbrot-Würfel
- Öl und Butter zum Ausbacken
- Wasserkresseblätter
- Bärlauchblüten, nach Belieben (in je 1 Teil Essig, Zucker und Wasser eingelegt)

Die Gurke waschen. Mit einem kleinen Kugelausstecher (0,5 cm Durchmesser) etwa 40 Kugeln (10 Stück pro Person) ausstechen. Leicht mit Salz und Zitrone abschmecken.

Für die Croutons in einer Pfanne die Weißbrot-Würfel in reichlich Öl und Butter schön goldgelb und knusprig ausbacken.

Für die Bärlauchcreme Eiweiß, Apfelessig, Wasser, Zitronensaft und Senf gut zusammen aufmixen, bis das Eiweiß bindet. Anschließend die Wasserkresse und die Bärlauchblätter nach Belieben untermixen. Danach das Sonnenblumenöl unterrühren und mit Salz abschmecken. Kalt stellen.

Zum Anrichten das Tatar im Ring auf einen Teller geben. Mit den marinierten Gurkenkugeln belegen und die knusprigen Croutons darauf verteilen. Viele Punkte vom Frischkäse dazuspritzen und von der Bärlauchcreme dazugeben. Am Schluss mit Kresse und Bärlauchblüten nach Belieben dekorieren.

GEDÄMPFTE LACHS-FORELLENFILETS

in Bärlauchsauce

ZUTATEN FÜR 4 PERSONEN

- 4 Lachsforellenfilets mit Haut à 180 g
- 10 g Butter
- Salz
- Pfeffer aus der Mühle
- 1 Schalotte, fein geschnitten
- etwas Zitronensaft
- 4 cl Weißwein

SAUCE

- 50 g glatte Petersilie
- 100 g Bärlauch
- 150 g saure Sahne
- 2 Frühlingszwiebeln
- 300 g Gartengurke brutto (netto 180 g ohne Kerne)
- 20 g Butter
- Fischsud oder Gemüsebrühe
- 1 mehlige Kartoffel (ca. 60 g)
- ca. 20 g braune Butter
- 1 großer EL geschlagene Sahne

Für die Sauce die gewaschene Petersilie und 80 g Bärlauch in kochendem Salzwasser ganz schnell zum Aufkochen bringen und sofort in Eiswasser kalt abschrecken, danach gut auspressen. Mit dem 20 g rohen Bärlauch und der sauren Sahne sehr fein mixen.

Die geputzten und gewaschenen Frühlingszwiebel mit etwas Grün daran sowie die geschälte, halbierte und entkernte Gurke in feine Scheiben schneiden. Die Gurkenkerne leicht salzen und den Saft zur Sauce geben. Butter zerlaufen lassen, Zwiebeln hell anschwitzen und die Gurkenscheiben beigeben.

AUSSERDEM
- frittierte Kartoffelwürfel zum Bestreuen

Das Ganze mit Fischsud oder Gemüsebrühe auffüllen, abschmecken, rasch weich kochen und fein mixen. Man kann die Flüssigkeit mit der fein geriebenen Kartoffel abbinden.

Nun die Bärlauchmasse in die Sauce einmixen, nochmals kurz erhitzen, jedoch nicht kochen lassen. Zuletzt die braune Butter beigeben sowie die halbsteif geschlagene Sahne.

In der Zwischenzeit die Filets dämpfen. Dazu eine Pfanne mit Butter ausstreichen und mit Salz, Pfeffer und der fein geschnittenen Schalotte ausstreuen. Die Fischfilets mit der Hautseite nach unten darauflegen, nochmals würzen. Mit Zitronensaft beträufeln und den Weißwein zugeben. Die Filets mit Butterpapier abdecken und bei 140 °C im vorgeheizten Ofen ca. 3–4 Minuten pro Seite dünsten. Vor dem Anrichten die Fischhaut abziehen.

Auf vorgewärmten Tellern die heiße Soße verteilen, die Fischfilets daraufsetzen und zum Schluss mit kleinen frittierten Kartoffelwürfeln bestreuen.

ÜBER DEN AUTOR

Der Österreicher Eckart Witzigmann, 1941 geboren, bekennender Bad Gasteiner, wurde in den besten Häusern der Welt ausgebildet und sein herausragendes Talent wurde von den Besten seines Faches gefördert. Er erhielt zahlreiche hochrangige Auszeichnungen, u.a. die begehrten drei Michelin-Sterne. Vom Restaurantführer „Gault Millau" wurde er 1994 zum „Koch des Jahrhunderts" gekürt. Am Höhepunkt seines Erfolges beschloss er abzutreten. „Ich habe gemerkt, dass ich nicht mehr besser werden kann", hat er damals gesagt. Für Eckart Witzigmann kein Grund, sich auf seinen Lorbeeren auszuruhen. Er wurde zu einem der erfolgreichsten Kochbuchautoren der letzten dreißig Jahre. Parallel dazu begann eine beispiellose Karriere als Berater rund um den Erdball. Nach einer Idee von Dietrich Mateschitz entwickelte er das bis heute einzigartige Konzept für das Restaurant „IKARUS – Hangar 7".
www.eckart-witzigmann.de

 Gesetzt aus der Melior und Whitney. · Medieninhaber, Verleger und Herausgeber: Red Bull Media House GmbH · Oberst-Lepperdinger-Straße 11-15 · 5071 Wals bei Salzburg, Österreich · Gestaltung und Satz: graficde'sign. pürstinger, Alex Stieg · Bilder: Porträtfotos Cover und S. 9 © Eckart Witzigmann; Bärlauchabbildung Cover, S. 6/7 und 8 StockFood/Eva Gründemann; Foto S. 4/5 Sandra Neuhaus/dpa Picture Alliance/picturedesk.com; alle übrigen Fotos: Carolina Auer (Food-Fotografin) und Carina Grissemann (Foodstylistin).

Printed in Slovakia
ISBN 978-3-7104-0102-2